DIREITO TRABALHISTA

PORQUE PODEMOS DIZER QUE A REFORMA TRABALHISTA É INCONSTITUCIONAL

MÁRIO CESAR DA S. CONSERVA

SUMÁRIO

03 PREFÁCIO

06 CAPITAL E TRABALHO

14 DAS RELAÇÕES DE TRABALHO NA CONSTITUIÇÃO FEDERAL

18 TEORIA DA RECEPÇÃO MATERIAL DA CLT

21 PRINCÍPIO DA VEDAÇÃO AO RETROCESSO DOS DIREITOS SOCIAIS

25 PRINCÍPIO DA PROTEÇÃO NAS RELAÇÕES DE TRABALHO

28 CONSOLIDAÇÃO DAS LEIS DO TRABALHO

31 VULNERABILIDADE NAS RELAÇÕES DE TRABALHO

35 VEDAÇÃO A PREVALÊNCIA DOS TERMOS CONTRATUAIS EM DETRIMENTO DAS GARANTIAS INDIVIDUAIS

40 ACORDOS E NEGOCIAÇÕES COLETIVAS

44 PRINCÍPIO DA PRIMAZIA

48 REFORMA TRABALHISTA: ACORDADO X LEGISLADO

53 INAFASTABILIDADE DO JUDICIÁRIO NOS ACORDOS E CONVENÇÕES COLETIVAS DE TRABALLHO

57 FLEXIBILIZAÇÃO DOS DIREITOS SOCIAIS

62 CONSIDEÇÃOES DO AUTOR

01

PREFÁCIO

A urgência da discussão acerca dos aspectos das alterações legislativas da Lei 13.467 de 13 de Julho de 2017, conhecida como Reforma Trabalhista, que modificam a Consolidação das Leis do Trabalho (CLT), submetendo a estas questionamentos validativos ante os preceitos da Constituição Federal, fazem com que o tema seja de ampla relevância, tendo em vista que atinge a maioria dos indivíduos em idade economicamente ativa. A mácula à proteção estatal da parte hipossuficiente sob o prisma do princípio da isonomia será objeto de análise diante das mudanças trazidas em determinados institutos jurídicos existentes na Legislação Trabalhista.

Partindo desse ponto cabe-nos o questionamento acerca da flexibilização de Direitos Sociais e até mesmo da limitação da competência Jurisdicional, principalmente sob a perspectiva da constitucionalidade da sobreposição do acordado em relação ao legislado e o princípio da inafastabilidade do Poder Judiciário.

Destarte, ainda que relevante, o alinhamento político-ideológico da Reforma não será objeto de análise direta, visto que é deveras importante para a análise jurídica a submissão da nova perspectiva jurídica ao ordenamento constitucional vigente e que, em controle de constitucionalidade difuso ou concentrado, terá sua eficácia submetida ao crivo da Constituição Federal.

A problemática será abordada neste trabalho de forma fundamentada com diversos entendimentos doutrinários e jurisprudenciais, utilizando técnicas de pesquisas bibliográfica e documental com o fito de encontrar embasamento para alcance do objetivo principal, uma tese fundamentada acerca da inconstitucionalidade da sobreposição do acordado em relação ao legislado no âmbito da Reforma Trabalhista.

02

CAPITAL E TRABALHO: CONTEXTUALIZAÇÃO HISTÓRICA DAS RELAÇÕES DE TRABALHO.

O trabalho definido como dispêndio de força física para a consecução de determinado objetivo remonta aos primórdios da humanidade onde, as primeiras descobertas rumo aos avanços civilizatórios reproduziram-se na formação de pequenas rotinas funcionais que visavam a criação de ferramentas artesanais para busca por alimento, arcaicas construções para abrigo, entre outras essenciais para a sobrevivência.

Na Antiguidade (4000 a.C a 3500 a.C) o trabalho tinha natureza escravocrata, podendo esta ser considerada o esboço do conceito de relação de trabalho, havendo total subordinação do escravo (que tinha status de patrimônio) ao seu senhor.

Na escravidão, predominante neste período, havia o cerceamento da liberdade do indivíduo para o cumprimento de atividades, sem remuneração específica, Segundo MARTINS (1999) foi a *"primeira forma de trabalho, em que o escravo era considerado apenas uma coisa, sem qualquer direito, afinal não era tratado como sujeito de direito e sim propriedade do dominus"*.

Com a mudança do contexto histórico e o surgimento de classes sociais advindas das discrepâncias na produção de determinados povos, as desigualdades começaram a surgir, evidenciando a necessidade de uma subordinação diferenciada, ainda não voluntária, porém com uma mínima possibilidade de repartição dos proventos da produção, culminando no sistema feudal da Idade Média (Séc. V ao Séc. XV).

O Feudalismo institui nova característica às relações que envolviam trabalho, surge a relação de servidão que, mediante o emprego de atividade laboral, o servo poderia explorar o mínimo para sua subsistência. Segundo MOTA (1997):

> O sistema feudal estabeleceu uma hierarquia de vassalagem entre o rei, o senhor feudal e o camponês. Este devia fidelidade ao seu senhor, recebendo dele proteção contra invasores, e retribuindo com trabalho (corvéia) e taxas sobre o uso das instalações (moinhos, celeiros) e a terra. O senhor devia fidelidade ao seu rei, que lhe dava as terras, e retribuía fazendo a guerra e pagando taxas. O senhor feudal vivia no castelo fortificado para a guerra e centro econômico autônomo, onde era feito o artesanato e guardados os alimentos.

Além da nobreza guerreira, a igreja também compunha o sistema feudal, exercendo cada mosteiro o senhorio sobre um feudo, e devendo fidelidade ao rei.

A hierarquização de classes entre senhores, servos e escravos, contribuiu para a percepção de riqueza e desproporcionalidade de sua distribuição, nesse contexto, urge citar as revoluções Industrial e Francesa, que possuem determinantes contribuições à contemporânea conceituação de Relação de Trabalho e principalmente às políticas públicas de defesa do trabalhador.

A Revolução Industrial (1760) representa um movimento produtivo inovador, caracterizado pela produção em alta escala de manufaturas, há nesse período uma percepção contemporânea de relação de trabalho, visto que a continuidade do esforço laboral era compensada com uma remuneração estabelecida, porém, a ausência de tutela estatal, principalmente legislação instituída ou organização sindical, facultava a exploração da mão de obra por jornadas excessivas em péssimas condições.

Com o advento da Revolução Francesa (1789 a 1799) algumas prerrogativas e direitos urgiram ante o impróprio contexto social existente à época, nas palavras de SUSSEKIND (2002, p. 45) *"a duração normal do trabalho totalizava comumente 16 horas diárias; o desemprego atingiu níveis alarmantes e o valor dos salários decresceu"*, diante do quadro há um movimento quanto à regulamentação das relações de trabalho e julgamento dos dissídios individuais, nesse diapasão, renasce o Conseils de Prud'hommes, tribunais especializados em prestar tutela jurisdicional na solução de conflitos na seara trabalhista.

O período marcado pelo movimento revolucionário incorporou um animus não intervencionista do Estado sobre as relações de trabalho, o surgimento da Lei Chapelier[2] estabelece um marco da lógica liberal no quadro social da época, a clara vedação aos movimentos sindicais organizados instituiu uma legislação que restringia o pleito por melhores remunerações e condições de trabalho, inclusive criminalizando-o, perdurando até 1864, dizia o texto normativo em seus artigos:

> 1. A aniquilação de todas espécies de corporações de cidadãos do mesmo estado ou profissão, são proibidas de serem restabelecidas de fato, sob quaisquer pretexto e forma que seja. [...] 4. Se, contra os princípios da liberdade e da constituição, cidadãos ligados às mesmas profissões, artes e negócios, tomaram deliberações ou fizeram entre si convenções tendendo a atribuir um só preço determinado como garantia de sua indústria ou de seus trabalhos, as ditas deliberações e convenções, acompanhadas ou não de juramento, são declaradas inconstitucionais, atentatórias à liberdade e à declaração dos direitos do homem, e nulas de efeito; os corpos administrativos e municipais serão obrigados a declará-las assim. Os autores, chefes e instigadores, que as provocaram, redigiram ou presidiram, serão citados perante o tribunal de polícia, à requisição do procurador da comuna, condenado cada um a uma multa de 500 livres, à suspensão dos direitos de cidadão ativo durante um ano e de participar de todas as assembleias primárias.

Ultrapassadas as restrições impostas à organização sindical e a possibilidade de reivindicação da classe trabalhadora à tutela estatal, surge a Organização Internacional do Trabalho (OIT), agência integrante da Organização das Nações Unidas que, diante dos signatários, vincula os entendimentos normativos aos respectivos ordenamentos jurídicos. O preâmbulo da Constituição da Organização do Trabalho (1946) institui que:

> Considerando que existem condições de trabalho que implicam, para grande número de indivíduos, miséria e privações, e que o descontentamento que daí decorre põe em perigo a paz e a harmonia universais, e considerando que é urgente melhorar essas condições no que se refere, por exemplo, à regulamentação das horas de trabalho, à fixação de uma duração máxima do dia e da semana de trabalho, ao recrutamento da mão-de-obra, à luta contra o desemprego, à garantia de um salário que assegure condições de existência convenientes, à proteção dos trabalhadores contra as moléstias graves ou profissionais e os acidentes do trabalho, à proteção das crianças, dos adolescentes e das mulheres, às pensões de velhice e de invalidez, à defesa dos interesses dos trabalhadores empregados no estrangeiro, à afirmação do princípio "para igual trabalho, mesmo salário", à afirmação do princípio de liberdade sindical, à organização do ensino profissional e técnico, e outras medidas análogas;

Diante das convenções internacionais em torno das relações de trabalho, o século XX torna-se imprescindível à efetividade da atuação jurisdicional sobre as relações de trabalho, sendo a partir de então, supervisionadas pelo Estado.

03

DAS RELAÇÕES DE TRABALHO NA CONSTITUIÇÃO FEDERAL DO BRASIL.

O Estado Brasileiro é signatário da OIT desde 1948 e com o advento da Constituição Federal insculpiu em sua lei maior a tutela estatal às relações de trabalho. O Constituinte originário destinou especial atenção ao trabalho, dispondo em seu artigo 6º que *"são direitos sociais a educação, a saúde, a alimentação, o trabalho [...]"*, nesse sentido, são estabelecidos princípios e garantias vinculativos aos contratos de trabalho e seus efeitos, CUNHA (2010, p. 39) entabula que:

> A Constituição Federal traz as regras mínimas em matéria trabalhista, consoante o disposto no art. 7º e no art. 10 do Ato das Disposições Constitucionais Transitórias, havendo o detalhamento de tais direitos na Consolidação das Leis do Trabalho que, sendo a principal lei ordinária trabalhista, dispõe sobre direito individual, direito coletivo e direito processual do trabalho.

As garantias constitucionais abrangem as relações individuais de trabalho, bem como, as coletivas, esta deriva da atuação representativa de entidades de classe e aquela, no âmbito dos acordos bilaterais, visa tutelar a dignidade do trabalhador.

O artigo 7º da CF estabelece que "são direitos dos trabalhadores urbanos e rurais, além de outros que visem à melhoria de sua condição social" o rol de garantias individuais, tais como, formalização contratual, seguro-desemprego, fundo de garantia por tempo de serviço, entre outras garantias que visam estabelecer regras gerais no âmbito do contrato individual de trabalho coibindo arbítrios diante da hipossuficiência contratual existente entre o empregado e empregador. Nesse sentido CUNHA[3] diz que *"o objeto principal do direito do trabalho é o restabelecimento do equilíbrio na relação entre empregado e empregador, posto que, sabidamente, o trabalhador encontra-se em posição de inferioridade diante daquele"*.

Do mesmo modo, porém com uma abrangência de cunho coletivo, o texto constitucional garante a autonomia dos sindicatos e associações profissionais, garantindo dessa forma a representação classista, o artigo 8º da Constituição Federal dispõe que:

> Art. 8º É livre a associação profissional ou sindical, observado o seguinte:I - a lei não poderá exigir autorização do Estado para a fundação de sindicato, ressalvado o registro no órgão competente, vedadas ao Poder Público a interferência e a intervenção na organização sindical; [...]II - ao sindicato cabe a defesa dos direitos e interesses coletivos ou individuais da categoria, inclusive em questões judiciais ou administrativas;

A atuação dos entes sindicais representa ferramenta indispensável à melhoria da condição social dos trabalhadores, visto que, devido à legitimidade de propor e ratificar acordos e convenções coletivas, os mesmos desempenham função legiferante de normas com efeitos bilaterais que, em observância ao princípio da vedação ao retrocesso social, devem ser mais favoráveis ao trabalhador.

As normas gerais estabelecidas no âmbito da CF tem como principal norma infraconstitucional regulamentadora a Consolidação das Leis do Trabalho, anterior ao quadro constitucional vigente, porém recepcionada por atender seus princípios.

04

TEORIA DA RECEPÇÃO MATERIAL DA CLT NO ÂMBITO DA CONSTITUIÇÃO FEDERAL

O Estado de Direito ao ter estabelecido seu escopo e fundamentos concebe um texto normativo máximo que, diante das formulações sociais, estabelece princípios e direcionamentos para o alcance do bem-estar social, tal texto conhecido como Constituição tem o condão de afastar a aplicabilidade das normas anteriores ao início de sua vigência, quando incompatíveis.

Não obstante a possibilidade de expurgação de norma incompatíveis com o vigente ínterim constitucional, urge a possibilidade de recepção material das normas infraconstitucionais anteriores, mantendo sua validade, porém com novo fundamento, MENDES e BRANCO (2016, p. 107) lecionam que:

> [...] o poder constituinte originário dá início à ordem jurídica. Isso, porém, significa que todos os diplomas infraconstitucionais perdem vigor com o advento de uma nova Constituição? Uma resposta positiva inviabilizaria a ordem jurídica. Por isso se entende que aquelas normas anteriores a? Constituição, que são com ela compatíveis no seu conteúdo, continuam em vigor. Diz-se que, nesse caso, opera o fenômeno da recepção, que corresponde a uma revalidação das normas que não desafiam, materialmente, a nova Constituição.

A compatibilidade material é requisito *sine qua non* para a revalidação da norma anterior a Constituição, sendo irrelevante o instrumento normativo utilizado à época, desde que a legislação tenha produzido efeitos durante sua vigência em ordenamento jurídico anterior, pois a forma é regida pela lei da época do ato (*tempus regit actum*), sendo, pois, irrelevante para a recepção" [4]. A CLT representa instrumento normativo anterior à Constituição Federal de 1988, mas sua regulamentação normativa atende ao princípio da proteção e do retrocesso aos direitos sociais, insculpidos na ordem constitucional, tornando-a materialmente coadunável e, desse modo, recepcionada.

05

PRINCÍPIO DA VEDAÇÃO AO RETROCESSO DOS DIREITOS SOCIAIS

Os Direitos Sociais podem ser conceituados como, diante da tutela estatal, garantias de exercício e gozo de direitos fundamentais em condições de igualdade. No âmbito das relações de trabalho o constituinte estabeleceu a devida proteção ao trabalhador, parte hipossuficiente da relação contratual, estabelecendo limites ao poder normativo infraconstitucional, bem como, à criação legislativa bilateral, advinda das negociações.

Nesse diapasão, por se tratarem de ferramentas garantidoras do indivíduo cria-se na Jurisprudência a vedação ao retrocesso dos Direitos Sociais, consolidando-os como cláusulas rígidas, inacessíveis ao legislador e resultado de conquistas relevantes ao amadurecimento democrático e a lógica progressista do desenvolvimento humano. MENDES e BRANCO (2016, p. 669) ensinam que:

> Trata-se de princípio segundo o qual não seria possível extinguir direitos sociais já implementados,

> evitando-se, portanto, um verdadeiro retrocesso ou limitação tamanha que atinja seu núcleo essencial [...] Na definição de Ha?berle, esse princípio possui "um núcleo de elementos que se fundamentam na dignidade humana e no princípio democrático e que não podem ser eliminados".

A previsão dos Direitos Sociais ilustra bem a intenção do constituinte em instituir nas relações de trabalho a devida tutela estatal, no sentido de garantir, ante os pactos bilaterais, garantias mínimas de equidade. Um exemplo da efetivação do direito social do trabalho está no inciso II do artigo 7º da Constituição Federal que entabula como direito do trabalhador o "seguro-desemprego, em caso de desemprego involuntário", que visa impedir a subtração da dignidade da pessoa humana nos casos de ruptura do vínculo empregatício sem causa.

A vedação, supressão ou diminuição dos Direitos Sociais reside na oportuna efetivação das normas constitucionais, pois normatizadas determinadas garantias, há uma limitação à atividade legiferante no que atine a regulamentação dessas normas, STRECK (2001, p. 55) afirma que :

Dito de outro modo, a Constituição não tem somente a tarefa de apontar para o futuro. Tem, igualmente, a relevante função de proteger os direitos já conquistados. Desse modo, mediante a utilização da principiologia constitucional (explícita ou implícita), é possível combater alterações feitas por maiorias políticas eventuais, que legislando na contramão da programaticidade constitucional, retiram (ou tentam retirar) conquistas da sociedade.

O posicionamento da Doutrina apresenta-se consoante com o entendimento jurisprudencial:

> Ementa: AVISO PRÉVIO PROPORCIONAL. LEI Nº 12.506 /2011. PRINCÍPIO DA PROIBIÇÃO DO RETROCESSO SOCIAL. DIREITO EXCLUSIVO DO TRABALHADOR. A teor da Súmula nº 35 deste e. TRTES, "em respeito ao princípio do não-retrocesso social, o aviso prévio proporcional instituído pela Constituição Federal (art. 7º, inciso XXI) e regulamentado pela Lei nº 12.506 /2011 é direito exclusivo do trabalhador". (TRT 17ª R., RO 0001148 -10.2015.5.17.0006, 1ª Turma, Rel. Desembargador José Luiz Serafini, DEJT 30/06/2016).

06

O PRINCÍPIO DA PROTEÇÃO NAS RELAÇÕES DE TRABALHO

O princípio da proteção pressupõe que o empregador, detentor do poder econômico, imprime desproporcional influência na relação trabalhista pois o trabalhador diante da evidente hipossuficiência representaria o elo fraco obrigacional, devendo haver um reequilíbrio por meio da intervenção estatal, DELGADO (2001, p. 23) define que:

> [...] o princípio tutelar influi em todos os seguimentos do Direito Individual do Trabalho, influindo na própria perspectiva desse ramo ao construir-se, desenvolver-se e atuar como direito. Efetivamente, há ampla predominância nesse ramo jurídico especializado de regras essencialmente protetivas, tutelares da vontade e interesse obreiros; seus princípios são fundamentalmente favoráveis ao trabalhador; suas presunções são elaboradas em vista do alcance da mesma vantagem jurídica retificadora da diferenciação social prática.

A posição de subordinação do trabalhador emerge como requisito de atuação jurisdicional na atividade legislativa e judiciária, devendo ser dividida em subprincípios, quais sejam: in dubio pro operário, aplicação da norma e condição mais favoráveis.

O subprincípio do in dubio pro operário consiste na proteção do trabalhador em razão da sua fragilidade ante o empregador, garantindo-lhe na existência de duas interpretações da mesma norma, àquela em seu benefício. A aplicação da norma mais benéfica, por sua vez, reside na relativização da hierarquia normativa no âmbito do Direito do Trabalho, podendo, na existência de duas normas que tratem da mesma temática trabalhista.

Por fim, quando a relação bilateral estabelecer situação mais favorável ao trabalhador, estaremos diante da priorização de tal condição, ainda que diferente da norma positivada deverá prevalecer, no sentido de alcançar a real condição social razoável ao empregado.

07

CONSOLIDAÇÃO DAS LEIS DO TRABALHO NO CONTEXTO HISTÓRICO E NORMATIZAÇÃO DE DIREITOS E POSTERIORES ALTERAÇÕES

A Consolidação das Leis do Trabalho surge da atividade legiferante contrária ao liberalismo predominante no século XIX, o governo Getúlio Vargas (1930-1945) impunha ao Estado soberano tutelar as relações de trabalho com efeitos no âmbito material e processual.

A CLT possui uma estrutura que subdivide as garantias individuais do trabalhador e as prerrogativas das entidades representativas de classe, visando inclusive à possibilidade de realização de acordos e convenções coletivas. Segundo seu artigo inaugural, o texto normativo estabelece que a "Consolidação estatui as normas que regulam as relações individuais e coletivas de trabalho, nela previstas".

A legislação trabalhista traz em seu escopo relevante menção à negociação entre os polos da relação de trabalho, quais sejam, trabalhador e empregador[5]. A CLT define que:

> Art. 611 - Convenção Coletiva de Trabalho é o acordo de caráter normativo, pelo qual dois ou mais Sindicatos representativos de categorias econômicas e profissionais estipulam condições de trabalho aplicáveis, no âmbito das respectivas representações, às relações individuais de trabalho.

A negociação urge como ferramenta normativa que institui regra de efeito inter partes e deve, diante do evidente desequilíbrio na relação contratual, ter regramento mais benéfico ao trabalhador, não devendo o acordado servir de subterfúgio para o cometimento de abusos com o fito de maximizar o lucro em detrimento de supressão de garantias individuais.

08

VULNERABILIDADE NA RELAÇÃO DE TRABALHO

A Vulnerabilidade é uma condição de desprovimento de condições, no âmbito jurídico, na observância isonômica das relações, pode ser conceituada como desequilíbrio em uma relação bi-obrigacional que presumidamente enseja vantagem de um polo em detrimento de outro, diante da vulnerabilidade do contexto fático. MARQUES (2015,p.52) apud MORAES (2009, p.125) leciona que:

> [...] o princípio pelo qual o sistema jurídico positivado brasileiro reconhece a qualidade ou condição daquele(s) sujeito(s) mais fraco(s) na relação de consumo, tendo em vista a possibilidade de que venha(m) a ser ofendido(s) ou ferido(s), na sua incolumidade física ou psíquica, bem como âmbito econômico, por parte do(s) sujeito(s) mais potente(s) da mesma relação.

O relevante ensinamento da Doutrina vem estabelecer o liame entre a Vulnerabilidade e as relações de trabalho que reside exatamente na subordinação do empregado para com o empregador que por sua vez representa condição *sine qua non* para a configuração de vínculo empregatício como bem define a legislação, *in verbis*, que "considera-se empregado toda pessoa física que prestar serviços de natureza não eventual a empregador, sob a dependência deste", bem como, solidifica a Jurisprudência:

> Ementa: VÍNCULO DE EMPREGO. Para que seja reconhecido vínculo empregatício deve existir na relação de emprego: subordinação, pessoalidade, onerosidade e não eventualidade. (TRT-4- Recurso Ordinário RO 00209015820155040282 (TRT 4) Data de publicação: 28.06.2017).

A partir de tal constatação percebe-se que a vulnerabilidade está fundamentalmente interligada à relação de trabalho e diante disso merece prosperar o esforço estatal em aplicar medidas capazes de fomentar a equidade nos contratos individuais de trabalho.

A tutela estatal traz reflexos no âmbito processual que, em observância ao princípio da Proteção, garante a compensação da vulnerabilidade fática no deslinde processual, LEITE (2009, p.76 e 77) traz brilhante lição acerca do tema:

O princípio da proteção é peculiar ao processo do trabalho. Ele busca compensar a desigualdade existente na realidade socioeconômica com uma desigualdade jurídica em sentido oposto. O princípio da proteção deriva da própria razão de ser do processo do trabalho, o qual foi concebido para realizar o Direito do Trabalho, sendo este ramo da árvore jurídica criado exatamente para compensar a desigualdade real existente entre empregado e empregador, naturais litigantes do processo laboral.

A isonomia processual é reflexo da existência da Vulnerabilidade fática, DELGADO (2006, p.197 e 198) corrobora:

> Efetivamente, há ampla predominância nesse ramo jurídico especializado de regras essencialmente protetivas, tutelares da vontade e interesses obreiros; seus princípios são fundamentalmente favoráveis ao trabalhador; suas presunções são elaboradas em vista do alcance da mesma vantagem jurídica retificadora de diferenciação prática. Na verdade, pode-se afirmar que sem a ideia protetivo-retificadora, o Direito Individual do Trabalho não se justificaria histórica e cientificamente.

09

VEDAÇÃO À PREVALÊNCIA DOS TERMOS CONTRATUAIS EM DETRIMENTO DE GARANTIAS INDIVIDUAIS

As relações de trabalho possuem fundamentalmente um requisito a ser atendido, derivado de normativa constitucional, a isonomia. Nesse contexto, cabe-nos refletir quanto a extensão da liberdade contratual e as vedações legais impostas.

Na esfera cível é estipulado que para que ocorra a validade do negócio jurídico estejam atendidos os requisitos[6] quanto à licitude do objeto, capacidade do agente e forma prescrita, interessa-nos em primeiro plano os dois primeiros requisitos.

A licitude do objeto encontra guarida na inexistência de vedação legal quanto à sua existência, AZEVEDO (2012, p.173) ensina que:

> Quanto a licitude e possibilidade do objeto, existe o grande tronco de impossibilidade, que as faz nascer. Isso porque, quando a impossibilidade é jurídica, o objeto é ilícito, pois contraria a lei, sendo nulo, por isso, de pleno direito, o negócio jurídico com esse objeto.

Nessa esteira há umbilicalmente uma vedação quanto à validade de qualquer contrato que conflite com expressa vedação legal, nos contratos de trabalho idêntica é a perspectiva. A Consolidação das Leis do Trabalho regulamenta diversos direitos individuais do trabalhador como férias, direito ao recebimento de um salário-mínimo, descanso inter-jornada e intrajornada, entre outros, vinculantes à ratificação de acordos bilaterais.

A CLT comporta, inclusive, clara determinação quando da limitação da livre estipulação contratual, seu artigo 444 dispõe que:

> Art. 444 - As relações contratuais de trabalho podem ser objeto de livre estipulação das partes interessadas em tudo quanto não contravenha às disposições de proteção ao trabalho, aos contratos coletivos que lhes sejam aplicáveis e às decisões das autoridades competentes.

A inobservância contratual dos direitos individuais dos trabalhadores enseja às cláusulas contrárias nulidade plena, a Jurisprudência é pacífica nesse ponto, vejamos:

> Ementa: CLÁUSULA DE ACORDO COLETIVO. ESCALA DE TRABALHO EM TURNO DE REVEZAMENTO. JORNADA DE 12 HORAS. NULIDADE. Não obstante a Carta Constitucional de 1988 ter possibilitado a negociação coletiva no tocante à jornada de trabalho dos obreiros, deve-se rechaçar quaisquer cláusulas normativas que ponham em risco á saúde e higidez física dos trabalhadores, impondo-se a declaração de sua nulidade e condenação dos empregadores ao pagamento das verbas correspondentes. (TRT 17ª R., 0040400-45.2012.5.17.0161, Rel. Desembargador Jailson Pereira da Silva, DEJT 26.02.2013).

A Doutrina por sua vez, diante da evidente desigualdade entre os polos contratuais, estipula evidente determinação legislativa e coerente atuação estatal na limitação do exercício de contratar no ramo do Direito do Trabalho, cláusulas estipuladas em detrimento de garantias individuais devem ser rechaçadas pelo ordenamento jurídico vigente, NASCIMENTO (2014, p.567) bem ensina:

> Se há? um ramo do Direito no qual o contrato e? controlado pelas leis, ele e? o direito do trabalho. Os motivos são encontrados na história do direito do trabalho e na questão social que evidenciou a desigualdade entre as partes do contrato de trabalho,

diante da qual, para restabelecimento do equilíbrio, foi necessário restringir a autonomia da vontade, e, no campo contratual, em vez de prevalecerem as cláusulas autodeterminadas pelas partes, a lei interferiu, reduzindo a autonomia das partes e incluindo-se no contrato, ainda que as partes, mesmo não contratando, não quisessem no seu contrato as cláusulas da lei, porque estas passariam a ser automaticamente aplicadas, ainda que contra a vontade dos sujeitos do contrato.

A capacidade contratual das partes presume a igualdade de pretensão, como exaustivamente exposto, a relação jurídica no âmbito do Direito do Trabalho não garante ao trabalhador posição equilibrada, visto que, possui sua direta subordinação ao empregador.

10

ACORDOS E NEGOCIAÇÕES COLETIVAS E A APLICAÇÃO DA NORMA MAIS FAVORÁVEL

A Constituição Federal estabelece em seu artigo 8º as prerrogativas de defesa dos direitos trabalhistas em sentido amplo por meio das entidades representativas de classe, garantindo-lhes autonomia administrativa e isenção estatal quanto à sua atuação. A liberdade sindical tem como escopo a possibilidade de negociações com entidades representativas patronais em equidade, inclusive sem a interferência estatal.

A participação do Sindicato como representante nas relações negociais de classe surge exatamente da possibilidade de equiparação de forças com as empresas, nesse sentido CHOHFI (2011, p.17) bem define:

> Tal participação obrigatória se deve ao fato de existir uma equivalência de forças de um sindicato de classe (que representa a união de trabalhadores) em relação às empresas ou às entidades sindicais que as representam, de modo que, em uma negociação coletiva valida, teoricamente, não há parte hipossuficiente que deva ser protegida pelo Estado.

Os acordos e convenções coletivas podem ser diferenciados em sua amplitude e no alcance dos seus efeitos, o primeiro diz respeito à negociação realizada entre uma entidade de representação laboral e uma ou mais empresas, no sentido de criar uma norma de eficácia bilateral, enquadrando apenas as relações existentes entre os dois polos, enquanto a segunda envolve no polo negocial entidade representativa dos empregadores e visam o estabelecimento de regras para os contratos individuais no âmbito das respectivas categorias.

A hierarquia normativa no Direito do Trabalho estabelece uma flexibilidade que visa atingir a melhor condição social do trabalhador[7], SUSSEKIND (2002, p.134) estabelece que "independentemente da sua colocação na escala hierárquica das normas jurídicas, aplica-se, em cada caso, a que for mais favorável ao trabalhador", nesse sentido, convencionou-se que o acordado em acordos e convenções coletivas de trabalho apenas poderiam estipular condições mais benéficas do que as existentes em lei.

A Jurisprudência solidificou ao tratar da questão o seguinte entendimento:

> Ementa: APLICAÇÃO DA NORMA JURÍDICA. HIERARQUIA DAS LEIS. PRINCÍPIO DA NORMA MAIS FAVORÁVEL. – O fundamento do princípio da norma mais favorável é a existência de duas ou mais normas, cuja preferência na aplicação é objeto de polêmica. Esse princípio autoriza a aplicação da norma mais favorável, independentemente da hierarquia – apelo patronal provido. (TRT – 1 – Recurso Ordinário RO 15443220115010342 – RJ (TRT 1).

No que tange a hierarquia entre os acordos e convenções coletivas, o princípio da norma mais benéfica, pela lógica jurídica, deveria ter plena aplicação quanto ao conjunto de condições mais favoráveis ao trabalhador, porém, com ao advento da Reforma Trabalhista de 2017 (o tema será tratado mais adiante), os acordos coletivos terão prevalência sobre as convenções, independentemente das condições entabuladas, assim dispõe o artigo 620 da CLT: *"As condições estabelecidas em acordo coletivo de trabalho sempre prevalecerão sobre as estipuladas em convenção coletiva de trabalho".*

11

PRINCÍPIO DA PRIMAZIA DA REALIDADE NAS NEGOCIAÇÕES TRABALHISTAS

As negociações trabalhistas visam estabelecer normativas bilaterais nas relações de trabalho, incorporando aos polos requisitos próprios de atendimento em observância da Lei, por se tratar de negociação no âmbito trabalhista deverá coadunar com os princípios norteadores da matéria, entre outros, o da Primazia da Realidade.

O princípio da Primazia da Realidade visa instruir as relações jurídicas sob o espectro do arcabouço fático que, em divergência com a produção documental, deverá ter prevalência no sentido de alcançar uma atividade jurisdicional mais efetiva. DELGADO (2001, p.36) ensina que:

> No Direito do Trabalho deve-se pesquisar, preferentemente, a prática concreta efetivada ao longo da prestação de serviço, independentemente da vontade eventualmente manifestada pelas partes na respectiva relação jurídica. A prática habitual – na qualidade de uso – altera o contrato pactuado, gerando direitos e obrigações novos às partes contratantes (respeitada a fronteira da inalterabilidade contratual lesiva).

A Legislação tem imprescindível colocação nessa análise, pois dada a subordinação necessária entre o trabalhador e o empregador, a influência exercida quando da negociação poderia ser onerosamente excessiva à parte hipossuficiente, fazendo-a se submeter à perda ou flexibilização de garantias na esperança de manutenção do seu vínculo empregatício.

O artigo 8º da CLT em seu § 3º dispõe em seu novo texto normativo o seguinte:

> Art. 8º [...]§3º No exame de convenção coletiva ou acordo coletivo de trabalho, a Justiça do Trabalho analisará exclusivamente a conformidade dos elementos essenciais do negócio jurídico, respeitado o disposto no art. 104 da Lei no 10.406, de 10 de janeiro de 2002 (Código Civil), e balizará sua atuação pelo princípio da intervenção mínima na autonomia da vontade coletiva.

A contemporânea Legislação Trabalhista impõe à atividade jurisdicional limitação à análise de regularidade e, inclusive, controle de constitucionalidade, sobre as negociações coletivas sob a fundamentação de intervenção mínima baseada em uma suposta "vontade coletiva" que, do ponto de vista fático, não tem solidez, pois, diante da subordinação dos obreiros, não há o que se falar em igualdade, tampouco em capacidade da classe trabalhador ante a influência empresarial.

12

REFORMA TRABALHISTA E A SOBREPOSIÇÃO DO ACORDADO SOBRE O LEGISLADO

A Lei 13.467 de 2017 alterou diversos dispositivos da Consolidação das Leis do Trabalho, notadamente os que regulamentavam a essência das negociações coletivas que, diante da nova lógica legislativa, passaram a ter maior autonomia no que tange os termos e sua efetivação.

A inovação legislativa concedeu a possibilidade de sobreposição do acordado ante o legislado, destituindo a lei da função de agente limitadora de arbítrios nas negociações coletivas sob o pretexto de maior autonomia coletiva nas tratativas em flagrante dissonância aos princípios constitucionais do trabalho.

O artigo 611-A traz a seguinte redação:

> Art. 611-A. A convenção coletiva e o acordo coletivo de trabalho têm prevalência sobre a lei quando, entre outros, dispuserem sobre: I- pacto quanto à jornada de trabalho, observados os limites constitucionais; II- banco de horas anual; III- intervalo intrajornada, respeitado o limite mínimo de trinta minutos para jornadas superiores a seis horas; IV- adesão ao Programa Seguro-Emprego (PSE), de que trata a Lei 13.189, de 19 de novembro de 2015;

V- plano de cargos, salários e funções compatíveis com a condição pessoal do empregado, bem como identificação dos cargos que se enquadram como funções de confiança; VI- regulamento empresarial; VII- representante dos trabalhadores no local de trabalho; VIII- teletrabalho, regime de sobreaviso, e trabalho intermitente; VIII- teletrabalho, regime de sobreaviso, e trabalho intermitente; IX- remuneração por produtividade, incluídas gorjetas percebidas pelo empregado, e remuneração por desempenho individual; X- modalidade de registro de jornada de trabalho; XI- troca do dia de feriado; XII- enquadramento do grau de insalubridade; XIII- prorrogação de jornada em ambientes insalubres, sem licença prévia das autoridades competentes do Ministério do Trabalho; XIV- prêmios de incentivo em bens ou serviços, eventualmente concedidos em programas de incentivo; XV- participação nos lucros ou resultados da empresa.

A sobreposição do acordado enseja uma falsa aparência de maior liberdade e fere essencialmente princípios constitucionais que norteiam a proteção dos Direitos Sociais e do Direito do Trabalho, é inconcebível que diante do reconhecimento da hipossuficiência do trabalhador na relação trabalhista que se fale em igualdade entre os polos na negociação coletiva, visto que, a subordinação existente macula frontalmente a capacidade representativa, ferindo o princípio da Isonomia.

Não obstante, a Reforma Trabalhista inaugurou restrições às negociações coletivas que, à primeira vista seriam suficientes para eliminar a discussão quanto à sua Constitucionalidade, vejamos:

> Art. 611-B. Constituem objeto ilícito de convenção coletiva ou de acordo coletivo de trabalho, exclusivamente, a supressão ou a redução dos seguintes direitos: [...] II - seguro-desemprego, em caso de desemprego involuntário; [...]III - valor dos depósitos mensais e da indenização rescisória do Fundo de Garantia do Tempo de Serviço (FGTS); [...]IV - salário mínimo; [...] XIX – aposentadoria [...]

Os incisos II, III, IV e XIX destacados representam evidentes exemplos das inovações legislativas no que se referem às garantias individuais dos trabalhadores e o impacto das negociações sobre eles. O artigo 611-B estabelece um rol taxativo de matérias que não podem ser alvo de negociações coletivas no sentido de suprimi-las ou reduzi-las, porém na realidade há uma incongruência quanto à sua aplicabilidade e efetividade.

A maximização da autonomia negocial entre o empregador e empregado alcança as amplitudes individuais e coletivas que, em eventual controle de constitucionalidade, terão sua eficácia posta em questão, pois direta ou indiretamente impactam garantias individuais entabuladas pela Constituição Federal.

13

O PRINCÍPIO CONSTITUCIONAL DA INAFASTABILIDADE DO PODER JUDICIÁRIO NO ÂMBITO DOS ACORDOS E CONVENÇÕES COLETIVAS DE TRABALHO.

A reforma trabalhista impôs grave limitação à atuação do Poder Judiciário no âmbito dos Acordos e Convenções Coletivas de Trabalho, o artigo 8º, §3º apresenta a intenção do legislador em prestigiar a possibilidade de normatização negociada nas relações trabalhistas tornando-as interna corporis e ratificando a posição do Juízo do Trabalho à mera análise de regularidade formal do negócio jurídico.

Não obstante é deveras importante ressaltarmos que o Princípio da Inafastabilidade do Poder Judiciário representa garantia individual de todo brasileiro e está insculpido no artigo 5º, XXXV, que determina que *"a lei não excluirá da apreciação do Poder Judiciário lesão ou ameaça a direito"*, noutras palavras BASTOS (2011, p.214) ensina que:

> Isto significa que lei alguma poderá auto-excluir-se da apreciação do Poder Judiciário quanto à sua constitucionalidade, nem poderá dizer que ela seja inivocável pelos interessados perante o Poder Judiciário par resolução das controvérsias que surjam da sua aplicação.

A Carta Magna institui que o Controle de Constitucionalidade ocorre de maneira concentrada e difusa e que todos os órgãos do Poder Judiciário quando da apreciação de demanda poderão fazê-lo. O controle de constitucionalidade difuso reside na análise do caso concreto e se dá em todas as instâncias do Poder Judiciário, surge na relação processual existente; controle de constitucionalidade concentrado, por sua vez, ocorre no âmbito dos questionamentos abstratos instrumentalizados nos órgãos materialmente competentes e propostos por indivíduos legitimados à sua propositura. SILVA (2003, P.287) bem ensina que:

> Afinal, de acordo com o sistema difuso-incidental de controle da constitucionalidade das leis, em tese os juízos monocráticos também podem declarar a inconstitucionalidade de uma lei ou ato normativo; mas neste passo a referência aos órgãos colegiados, os tribunais. De outra parte, Câmaras e Turmas de órgão colegiados, tribunais, também podem emitir tal declaração em julgamento inter partes, incidentalmente [...]

Nesse diapasão urge a defesa da previsão de controle de constitucionalidade também no Juízo do Trabalho, pois parte integrante da Justiça tem o fito de julgar à luz da norma instituidora do ordenamento jurídico pátrio, a Constituição

Federal, as relações trabalhistas, dito isso cabe-nos aqui ressaltar a gritante inconstitucionalidade da limitação da atuação jurisdicional sobre o conteúdo material dos acordos e convenções de trabalho por ofensa à garantia individual de pleito do cidadão brasileiro.

Cumpre destacar que o Legislador reformador em seu ínterim decidiu impedir que fossem instrumentalizadas demandas processuais visando o julgamento direto da matéria das cláusulas estipuladas em negociação coletiva, vedando inclusive o controle de constitucionalidade, sendo assim dispositivo legal expressamente dissonante do arcabouço normativo constitucional.

14

**FLEXIBILIZAÇÃO DOS
DIREITOS SOCIAIS:
FÉRIAS, JORNADA,
RESCISÃO, SEGURO-
DESEMPREGO.**

Os Direitos Sociais possuem status de irretratáveis, não podendo por ato normativo posterior terem sua eficácia abalada, sendo vedadas ao Legislador quaisquer medidas que visem retroceder efeitos dos direitos já postos. A Reforma Trabalhista estipulou vedações quanto à convenções coletivas que suprimam diversos direitos, porém tais vedações são contrapostas em ulteriores previsões negociais quando se referem notadamente ao Seguro-Desemprego, Fundo de Garantia por Tempo de Serviço, salário-mínimo e aposentadoria.

Quando se refere ao Seguro-desemprego, garantia individual do trabalhador insculpida no artigo 7º da Constituição Federal, os dispositivos reformadores inibem a possibilidade de supressão de tal garantia, nesse passo chamamos a atenção ao artigo 484-A da CLT que dispõe:

> Art. 484-A. O contrato de trabalho poderá ser extinto por acordo entre empregado e empregador, caso em que serão devidas as seguintes verbas trabalhistas: [...] § 2º A extinção do contrato por acordo prevista no caput deste artigo não autoriza o ingresso no Programa de Seguro-Desemprego.

A anomalia jurídica da rescisão acordada denota, diante da natureza da relação trabalhista, evidente flexibilização de garantia individual do trabalhador, bem como, inviabilização do objeto do acordo do ponto de vista isonômico. Não obstante, o supracitado artigo corrobora ainda que a *"extinção do contrato prevista no caput deste artigo permite a movimentação da conta vinculada do trabalhador no Fundo de Garantia do Tempo de Serviço na forma do inciso I-A do art. 20 da Lei no 8.036, de 11 de maio de 1990, limitada até 80% (oitenta por cento) do valor dos depósitos"*.

No que atine ao salário-mínimo e a aposentadoria ascende a possibilidade da contratação por período intermitente onde a retribuição pecuniária seria proporcional à duração da atividade laboral e os demais reflexos financeiros e contributivos proporcionais à remuneração percebida no mês. A possibilidade de contratação está insculpida no artigo 443 da CLT, vejamos:

Art. 443. O contrato individual de trabalho poderá ser acordado tácita ou expressamente, verbalmente ou por escrito, por prazo determinado ou indeterminado, ou para prestação de trabalho intermitente. [...]
3º Considera-se como intermitente o contrato de trabalho no qual a prestação de serviços, com subordinação, não é contínua, ocorrendo com alternância de períodos de prestação de serviços e de inatividade, determinados em horas, dias ou meses, independentemente do tipo de atividade do empregado e do empregador, exceto para os aeronautas, regidos por legislação própria.

Em análise do supracitado artigo é possível perceber que a relativização do vínculo empregatício, ainda que formal, traz ao trabalhador rendimentos proporcionais ao diretamente pactuado com o empregador, na prática faz-se evidente a possibilidade de contratação em jornadas pausadas que não garantirão ao trabalhador a percepção de um salário-mínimo mensal.

Destarte, as contribuições previdenciárias obrigatórias serão baseadas na remuneração mensal do trabalhador, a Medida Provisória 808 estabelecia que, na hipótese de remuneração mensal do trabalhador inferior ao salário-mínimo, porém, a MP perdeu sua eficácia em 23 de Abril de 2018 e não foi convertida em lei, gerando uma lacuna legal nesse ponto.

É certo que dada a natureza retributiva da Previdência Social, o trabalhador precisará arcar com o ônus da contribuição mínima sobre o salário, ainda que não alcance o patamar constitucional, em outras palavras, a aposentadoria estará indiretamente ameaçada quando não realizada a complementação contributiva.

15

CONSIDERAÇÕES DO AUTOR

Por todo o exposto é possível absorver que a Reforma Trabalhista em seu escopo normativo afronta em diversos pontos a Constituição Federal, não tendo fundamento basilar para sua plena eficácia no ordenamento jurídico pátrio. A flexibilidade da hierarquização das normas trabalhistas existia sob o espectro da limitação do arbítrio empresarial nas negociações individuais e coletivas pela lei, garantindo assim o mínimo de equilíbrio nos acordos e convenções, tal como nos pactos individuais.

Com o advento da Legislação reformadora diversas garantias individuais foram relativizadas o que contrapõe frontalmente a vedação ao retrocesso dos Direitos Sociais insculpidos na Constituição Federal, não suficiente o Legislador tenta limitar a atuação jurisdicional sob o pretexto da autonomia coletiva, na tentativa de impedir que possa o Juízo do Trabalho exercer o controle de constitucionalidade nas cláusulas pactuadas nos acordos e convenções.

Ademais a tentativa legiferante de impor ao ordenamento jurídico a possibilidade de quebra de mecanismos de proteção da parte obrigacional hipossuficiente gera um total desequilíbrio ao Estado de Direito fazendo com que a aplicação da literalidade normativa enseje um sentimento de injustiça e ferramenta de opressão daquelas desguarnecidos que, antes acautelados pelo manto da Constituição Cidadã, sejam submetidos à uma Legislação perversa que visa não só relativizar garantias individuais como também privar o proletariado de demandar ao Poder Judiciário afrontas à Constituição Federal e ao Estado Democrático de Direito.

REFERÊNCIAS BIBLIOGRÁFICAS

MARTINS, Sérgio Pinto. Direito do Trabalho. 9ª ed. Revista, atualizada e ampliada. São Paulo: Atlas, 1999.

MOTA, Davide. Formação e Trabalho. Rio de Janeiro: Editora SENAC, 1997.

SÜSSEKIND, Arnaldo. Curso de Direito do Trabalho, Rio de Janeiro: Renovar, 2002.

STRECK, Lenio Luiz. Hermenêutica Jurídica e(m) Crise. 3. ed. Porto Alegre: Livraria do Advogado Editora, 2001, p. 55.

DELGADO, Mauricio Godinho. Princípios de Direito Individual e Coletivo do Trabalho. LTR - São Paulo: 2001.

Celso Ribeiro Bastos, Curso de Direito Constitucional, Ed. Saraiva, 18ª ed. São Paulo: 2011.

SILVA, Paulo Napoleão Nogueira da. O controle de constitucionalidade e o Senado. 2ª ed. Rio de Janeiro: Forense, 2000.

NASCIMENTO, Mascaro, A. (6/2014). Curso de direito do Trabalho - História e Teoria, 29ª edição.

CUNHA, A., M.I.M. S. (03/2010). Direito do Trabalho, 6ª edição. [Minha Biblioteca].

MENDES, Ferreira, G., BRANCO, Gonet, P. G. (2/2016). Curso de direito constitucional, 11th edição.

CHAVES, Fernandes, S. (01/2015). A Vulnerabilidade e a Hipossuficiência do Consumidor nas Contratações Eletrônicas.

Azevedo, , Á.V. (05/2012). Teoria geral do direito civil: parte geral.

Carta de Constituição da Organização Internacional do Trabalho.

Constituição Federal do Brasil. Palácio do Planalto.

[1] Acadêmico do Curso de Direito, 9º período, Universidade Tiradentes. E-mail: mario-conserva@hotmail.com. Servidor Público da Fundação de Amparo ao Trabalhador do Município de Aracaju – Sergipe. Ex-conselheiro de Emprego e Renda do Estado de Sergipe. Ex-gerente de Seguro-desemprego e Carteira de Trabalho do Estado de Sergipe.

[2] Disponível em http://www.fafich.ufmg.br/hist_discip_grad/LeiChapelier.pdf[3] Op.cit. p.40[4] Op. Cit. Pág. 107

[5] Art. 2º - Considera-se empregador a empresa, individual ou coletiva, que, assumindo os riscos da atividade econômica, admite, assalaria e dirige a prestação pessoal de serviço.
Art. 3º - Considera-se empregado toda pessoa física que prestar serviços de natureza não eventual a empregador, sob a dependência deste e mediante salário.

[6] Art. 104. A validade do negócio jurídico requer: I - agente capaz; II - objeto lícito, possível, determinado ou determinável; III - forma prescrita ou não defesa em lei.

[7] Artigo 7º, caput, da Constituição Federal estabelece que "são direitos dos trabalhadores urbanos e rurais, além de outros que visem à melhoria de sua condição social", estabelecendo no própria texto constitucional a flexibilidade de hierarquia normativa no Direito do Trabalho.